やさしいおだしの教室

森 かおる
MORI Kaoru

光村推古書院

はじめに

京都山崎に暮らし始めてかれこれ15年ほどになります。
そしてレリッシュとして料理教室を始めて10年になりました。
このたった10年の間にも、世の中はどんどん進化していきました。

簡単で、便利で、とても効率のいいスピード感あふれる時代に、今、私たちは暮らしています。
でも、この10年を振り返って、それって本当に正しいの？　それって幸せなの？　そんなことを自問自答する回数も増えました。
いつからかペットボトルのお茶にも、チンして温めるごはんにも、お湯を注ぐだけのお味噌汁にも、何の違和感も持たなくなってしまった現代人。

お湯を沸かしてお茶を入れ、お米を研いでご飯を炊き、おだしをひいてお味噌汁を作る……。
私がまだ子どもだったころの普段の暮らし。みんなが食べていた普段のごはん。
決してそれは"ていねいな暮らし"というわけではなくて、そんなことが当たり前だったのです。
こんなころに少し戻ってみてもいいのかなっていう人、増えているように感じるのは私だけでしょうか。

今回はおだしをテーマにした本。
まさに料理教室で伝え続けている内容です。
料理教室の生徒さんの中には、レリッシュの教室に通うようになって初めておだしをとりました、という方も少なくありません。
あえて布で漉すということはしていません。毎日気負わずに続けてほしいから。

高級料亭の味には及ばないかもしれませんが、やっぱり本物の旨みは心にも体にもやさしくて、ほっこりさせてくれます。
主婦であり、母であり、店主でもあるこの私がしている毎日のおだし生活。
手作りがいいとわかっていても忙しくて無理、と思っている方々にこそ試してほしいおだしのひき方や、毎日の食卓にアレンジしやすいレシピをご紹介しています。
ぜひ試してみてくださいね。

森 かおる

✳ contents ✳

- 2 ⋯ はじめに

第1章 おだしmanual
- 8 ⋯ 基本のおだしのとり方
- 9 ⋯ 超簡単 おだしのとり方
- 10 ⋯ おだしの残りレシピ　だしがらのふりかけ・昆布の佃煮
- 12 ⋯ おだし生活の第一歩 うどんいろいろ
  わかめうどん・鶏と水菜のうどん・カレーうどん・あんかけうどん
- 14 ⋯ たれの作り方　昆布しょうゆ・ポン酢・めんつゆ・天つゆ
- 16 ⋯ めんつゆを使って　牛丼
- 18 ⋯ おだしの仲間　根菜の干ししいたけ煮・水菜の煮干し煮びたし

第2章 おだしsoup
- 24 ⋯ 豆腐とわかめの味噌汁
- 25 ⋯ お揚げとねぎの味噌汁
- 26 ⋯ 味噌汁いろいろ
  新玉ねぎ・絹さや・なす・オクラ・しめじ・さつまいも・ごぼう・白菜
- 28 ⋯ お吸い物いろいろ
  あさり・たけのこ・ししとう・そうめん・まいたけ・れんこん・たら・大根
- 30 ⋯ 豚汁
- 32 ⋯ 冷やしごま汁
- 34 ⋯ けんちん汁
- 36 ⋯ 鯛の赤だし
- 38 ⋯ 野菜のポタージュいろいろ
  えんどう・キャベツ・とうもろこし・枝豆・かぼちゃ・栗・ほうれん草・にんじん
- 40 ⋯ 昆布と野菜のシンプルスープ
  ブロッコリー・新じゃが・トマト・ピーマン・里芋・まいたけ・小かぶ・水菜
- 42 ⋯ お餅のタイ風スープ
- 44 ⋯ 鍋もの　おでん・鶏ねぎ団子の豆乳鍋・寄せ鍋
- 50 ⋯ おだしで簡単離乳食

第3章 おだしbasic
- 54 ⋯ 大根の煮物
- 56 ⋯ かぼちゃといんげんの煮物
- 58 ⋯ 小松菜の煮びたし
- 60 ⋯ なすの揚げびたし
- 62 ⋯ 切り干し大根の煮物
- 64 ⋯ チンゲン菜のきのこあん
- 66 ⋯ だし巻き
- 68 ⋯ 茶わん蒸し
- 70 ⋯ 炊き込みご飯
- 72 ⋯ お弁当のおかず
  ちくわとひじき・えび にんじんとかつお節・
  かぼちゃとごま・ししとうと煮干し・じゃがいもと干ししいたけ
- 74 ⋯ 余った食材で
  大根のおろし汁・大根の即席漬け・白菜の卵とじ・白菜のしょうがあん・
  こんにゃくのからし田楽・こんにゃくの味噌煮・
  だししょうゆの冷奴・とろろ豆腐汁
- 78 ⋯ 時間がない時のほっこりレシピ　にゅうめん・おだしのお茶漬け

第4章 おだしarrange
- 82 ⋯ 焼きねぎとあさりのスープパスタ
- 84 ⋯ おだしのピクルス
- 85 ⋯ 和風ロールキャベツ
- 86 ⋯ おだしポトフ
- 88 ⋯ 洋風雑炊
- 90 ⋯ 鯛のムニエル おだしジュレ添え
- 92 ⋯ おだしは天然のサプリメント　禾野元英
- 94 ⋯ 本書で使ったおだし
- 95 ⋯ おわりに

※ 本書の表記について ※

- 大さじ1＝15cc
- 小さじ1＝5cc
- 材料のAは前もって混ぜておきます。
- 「だし汁」は、p.8の昆布＋削り節の「1番だし」または「2番だし」のことです。
- 電子レンジは700wのものを使用しています。

※ 調味料について ※

酢は米酢、塩は天然塩、砂糖は粗製糖を使っています。おだしの風味を楽しむために、調味料は手に入る範囲でよいので、無添加の質のよいものをそろえていきましょう。

第 1 章
おだし manual

基本のおだしのとり方

＊ 1番だし ＊

材料（作りやすい分量）

昆布 ……………………… 5×10cmくらい
水 ………………………… 1ℓ
いわし・さば・うるめいわしの混合削り節（p.94参照）…… 20〜25g（かつお節の場合は15〜20g）

作り方

① 鍋に昆布と水を入れて20〜30分おき蓋をして、弱火にかける。
② 沸々としてきたら、削り節を加えてすぐ火を止め蓋を戻す。
③ 5分くらいしたら蓋をとってひと混ぜして、天ぷら用の目の細かいかすとり網でだしがらをすくいとる。

note
かつお節の場合も同様です。削り節は煮立たせず火を止めると、澄んだおだしになります。昆布は時間がなければすぐに加熱を始めてもかまいません。また、「昆布の水出し」（次頁）を使えば、より手早く濃厚なおだしがとれます。うどん、お吸い物や味噌汁など、だしそのものを味わう料理には香り高い1番だしが適しています。※使用したおだしの素材についてはp.94参照。

＊ 2番だし ＊

材料（作りやすい分量）

だしがら（1番だしをとったあとの昆布と削り節）
水 ………………………… 500cc

作り方

① だしがらと水を鍋に入れて加熱し、煮立ったら5、6分煮出す。
② 色が出てきたら、かすとり網でだしがらをすくいとる。

note
1番だしのだしがらは、すぐ使用しない場合冷蔵庫で保存し翌日2番だしとして使えます。2番だしは1番だしと比べて香りは劣り、濁ってしまいますが、旨みは残っているので煮物等には十分使えます。汁ものに使う場合は少量の削り節を足すとよいです。

昆布の水出し（昆布だし）

超簡単 おだしのとり方

材料
- 水 ……………………………………… 1ℓ
- 昆布 …… 5×10cmくらい（写真は5×5cmを2枚）

作り方
① 瓶に昆布と水を入れて半日ほどおく。

note
日持ち：冷蔵庫で2〜3日。
削り節と合わせて使うことが多いですが、野菜のスープ（p.38〜）などには昆布だしだけで十分シンプルな旨みを味わえます。

茶こしを使って

材料
- かつおパック ……………… 1パック（3〜5g）
- 熱湯 …………………………………… 180cc

作り方
① 茶こしにかつお節を入れ、お椀の上にのせる。
② 上から熱湯をゆっくりまわしかけるように注ぐ。

note
小袋入りのかつお節は、1人分の汁物や少量のおだしが必要なときに便利です。

おだしの残りレシピ

✶ だしがらのふりかけ ✶

材料

おだしをとったあとの削り節 …… 20〜25g
A ┌ こい口しょうゆ …………… 大さじ1
　├ 砂糖 ……………………… 大さじ1
　└ みりん …………………… 大さじ1
白ごま ……………………………… 適量

作り方

① だしがらは、水分を軽くしぼって細かく切る。
② 鍋に①とAを入れ、中火で炒る。
③ 白ごまを加える。

note

鍋が焦げついた場合は、お湯をはって沸騰させると落ちやすいです。

✶ 昆布の佃煮 ✶

材料

おだしをとったあとの昆布 …… 5×10cm分
水 ………………………………… 200cc
A ┌ こい口しょうゆ …………… 大さじ2
　├ みりん …………………… 大さじ1
　└ 砂糖 ……………………… 大さじ1

作り方

① 昆布は細く切り、水とともに鍋に入れて蓋をして、弱火で30〜40分煮る。
② 昆布がやわらかくなったら蓋をとり、Aを加えて汁気がなくなるまで中火で水分を飛ばしながら煮る。

note

最初から調味料を加えると固くなるので、まず水煮にします。
ちりめんじゃこ、実山椒、干ししいたけなどを加えてもおいしいです。昆布がやわらかくなったら加えてください。

おだし生活の第一歩 うどんいろいろ

＊わかめうどん＊

材料（1人分）

わかめ（乾燥）	適量
油揚げ	5×5cm
九条ねぎ（青ねぎ）	⅓本
かまぼこ	1cm
うどん	1玉

A ｜ だし汁 300cc
　｜ うす口しょうゆ 大さじ1½
　｜ みりん 大さじ½
　｜ 砂糖 小さじ½
　｜ 塩 少々

作り方

① わかめは水で戻してやわらかくなったら水を切る。
② 油揚げは熱湯にくぐらせて油抜きして細切りにする。
③ ねぎは斜めに切り、かまぼこは薄切りにする。
④ 鍋に湯を沸かし、うどんをさっとゆでて湯を切っておく。
⑤ Aを別の鍋に入れて加熱する。
⑥ 器に④を入れ、①～③をのせて⑤を注ぐ。好みで七味をふる。

note
うどんを湯通しせずAに直接入れてもかまいませんが、若干だしがにごります。

＊鶏と水菜のうどん＊

材料（1人分）

鶏もも肉 ¼枚
水菜 適量（1株）
うどん 1玉
A … わかめうどんと同じ

作り方

① 鶏肉は小さく切る。
② 鍋にAを煮立たせて①を煮る。
③ 水菜は3cmに切る。
④ 別の鍋に湯を沸かし、うどんをさっとゆでて湯を切っておく。
⑤ 器に④を入れ、③をのせて②を注ぐ。

＊カレーうどん＊

材料（1人分）

牛こま切れ肉 ……… 50g
九条ねぎ（青ねぎ）… 1/3本
うどん ……………… 1玉
A … わかめうどんと同じ
カレー粉 ……… 小さじ1

水溶き片栗粉
　水 ………… 大さじ1
　片栗粉 …… 大さじ1

作り方

① 鍋にAを煮立たせて牛肉を入れ、あくを丁寧にすくいながら煮る。
② ねぎは斜めに切る。
③ ①の肉に火が通ったらカレー粉を加えて混ぜ、水溶き片栗粉を加えてとろみをつけて、②のねぎをざっくり混ぜる。
④ 別の鍋に湯を沸かし、うどんをさっとゆでて湯を切っておく。
⑤ 器に④を入れ、③を注ぐ。

＊あんかけうどん＊

材料（1人分）

ちくわ ……………… 1/2本
しょうが …………… 適量
うどん ……………… 1玉
A … わかめうどんと同じ

水溶き片栗粉
　水 ………… 大さじ1
　片栗粉 …… 大さじ1

作り方

① 鍋にAを煮立たせて、水溶き片栗粉を加えとろみをつける。
② ちくわは輪切りにし、しょうがはすりおろす。
③ 別の鍋に湯を沸かし、うどんをさっとゆでて湯を切っておく。
④ 器に③を入れ、①を注ぎ②を盛りつける。

たれの作り方

市販されているようなたれ類も家で簡単に作れます。基本の配合で試したら、あとは調味料を加減して好みの味に仕上げてみてください。

＊ 昆布しょうゆ ＊

材料（作りやすい分量）
昆布 …………………………… 5cm角
こい口しょうゆ ………………… 200cc

作り方
① 清潔な瓶にしょうゆと昆布を入れ、漬け込む。

note
日持ち：冷蔵庫で10日くらい。
味がマイルドになるので、通常のかけじょうゆとして使うほか、煮物や炒めものなどにも使えます。
翌日から使えます。

＊ ポン酢 ＊

材料（作りやすい分量）
昆布しょうゆ ………………… 50cc
ゆず（好みの柑橘　かぼす、すだちなどでも）のしぼり汁 … 1個分
だし汁 ………………………… 50cc

作り方
① 昆布しょうゆとだし汁、ゆずのしぼり汁を混ぜ合わせる。

note
日持ち：冷蔵庫で1週間くらい。

めんつゆの手順

❶ ストックしただしを使わない場合は、だしがらは入れたままでもOK。

❷ 調味料を加えるだけ。

❸ こしながら容器に入れる。

＊ めんつゆ ＊

材料（作りやすい分量）

だし汁	200cc
こい口しょうゆ	50cc
みりん	50cc
砂糖	50cc

作り方

① 鍋に材料を入れ、ひと煮立ちさせて冷ます。
② 冷めたら茶こしを使って容器に移す。

note
日持ち：冷蔵庫で4〜5日。

＊ 天つゆ ＊

材料（作りやすい分量）

	だし汁	100cc
A	うす口しょうゆ	小さじ1
	みりん	小さじ½
	塩	少々
大根おろし		適量
おろししょうが		適量

作り方

① 鍋にAを入れてひと煮立ちさせる。
② 好みで大根おろしとおろししょうがを添える。

note
日持ち：冷蔵庫で2〜3日。

めんつゆを使って

＊ 牛 丼 ＊

材料（2人分）

- 牛こま切れ肉 ……………… 100g
- 玉ねぎ ……………………… ½個
- しょうが汁 ………………… 少々
- めんつゆ（p.15参照）…… 100cc
- ごはん ……………………… 丼2杯分
- 卵黄 ………………………… 2個
- 紅しょうが ………………… 適量

作り方

① 玉ねぎは薄切りにする。

② 小さいフライパンに牛肉、①の玉ねぎ、しょうが汁、めんつゆを入れて蓋をして中火で煮る。肉に火が通ったら火を止める。

③ ②をあたたかいごはんにかけて、卵黄をのせ、紅しょうがを添える。

note ▶

豚肉でもおいしいです。余った卵白は冷凍保存ができます。しっかりといてスープなどに。

＊ **根菜の干ししいたけ煮** ＊

おだしの仲間

昆布や削り節以外でもおいしいおだしがとれます

材料（2人分）

干ししいたけ …………… 2個
里芋 ……………………… 2個
ごぼう …………………… 1/3本
にんじん ………………… 1/2本
れんこん ………………… 2cm

A ┌ こい口しょうゆ … 大さじ1
　├ みりん ………… 大さじ1/2
　└ 砂糖 …………… 小さじ1

作り方

① 干ししいたけは300ccほどの水でやわらかくなるまで20〜30分戻し、2つに切る。戻し汁200cc分はとっておく。

② 里芋は皮のまま水から5分ほどゆでて手で皮をむき、2等分する。

③ ごぼうは泥をたわしで洗い流し、まわし切りにして水にさらしてあくを抜く。茶色くなった水はかえる。

④ にんじんは乱切り、れんこんは4つに切り水にさらす。

⑤ 鍋に①で残した戻し汁200cc分と材料をすべて入れ、蓋をして強火で加熱する。煮立ったら中火にして、時々上下を返しながらやわらかくなるまで煮る。

note ▶

干ししいたけの戻し汁をおだしとして使うやさしい味の煮物です。
水でゆっくり戻すのがおいしいおだしの基本ですが、時間がないときはぬるま湯を使うと早く戻せます。

19

＊水菜の煮干し煮びたし＊

材料（2人分）

水菜 ……………… 2〜3株
煮干し …… 3g（小さめ12尾くらい）
こい口しょうゆ ……… 小さじ¼
水 ………………………… 50cc

作り方

① 水菜は4、5cmに切る。

② 材料をすべて鍋に入れ、弱火でかき混ぜながら加熱する。

③ 水菜がくたっとしたら、蓋をして2、3分煮る。

note ▶

煮干しからおだしが出ます。
煮干しは通常は頭とはらわたをとりますが、上質なものならそのまま使います。白菜でもおいしいです。

第 2 章
おだし soup

* 豆腐とわかめの味噌汁 *

材料（2人分）

豆腐	¼丁
わかめ（乾燥）	適量
九条ねぎ（青ねぎ）	適量
味噌	大さじ1〜1½
だし汁	360cc

作り方

① 豆腐は、ふきんまたはキッチンペーパーでくるんで10分ほど水切りしたあと、さいの目に切る。
② わかめは水で戻して水気を切る。
③ ねぎは小口切りにする。
④ 鍋にだし汁と①を入れて加熱する。火が通ったら味噌を溶き入れ、②を加えて火を止め、お椀に注いで③をのせる。

note

味噌の量は好みで調節してください。ねぎの小口切りを保存容器に冷蔵庫でストックしておくと、うどんなどにも重宝します。

お揚げとねぎの味噌汁

材料（2人分）

油揚げ	6×10cmくらい
白ねぎ	10cm
味噌	大さじ1〜1½
だし汁	360cc

作り方

① 油揚げは熱湯にくぐらせて油抜きして細切りにする。
② ねぎは斜めに切る。
③ 鍋にだし汁と②を入れて加熱する。火が通ったら味噌を溶き入れる。
④ 油揚げを加えたら火を止める。

note

油揚げは、油で汁が濁らないようにあとから加えます。1枚を油抜き後、細切りにして、残りは冷凍しておくと便利です。

味噌汁いろいろ

春 新玉ねぎ

材料(2人分)
- 新玉ねぎ …………… ¼個
- 油揚げ ………… 10×3cm
- だし汁 ……………… 360cc
- 味噌 …… 大さじ1〜1½

作り方
① 油揚げは熱湯にくぐらせて油抜きし、1cm四方に切る。
② 玉ねぎは1cm四方に切る。
③ 鍋にだし汁と玉ねぎを入れ、玉ねぎが透き通るまで煮る。
④ ③に味噌を溶き入れ、油揚げを加えて火を止める。

春 絹さや

材料(2人分)
- 絹さや ………………… 2枚
- じゃがいも ……… 大½個
- だし汁 ……………… 360cc
- 味噌 …… 大さじ1〜1½

note
絹さやは少し退色しますが生のままじゃがいもといっしょに入れてもかまいません。

作り方
① 絹さやはさっとゆでて斜めに細く切る。
② じゃがいもは厚さ3mmの半月型に切り、水にさらす。
③ 鍋にだし汁と②を入れ、じゃがいもがやわらかくなるまで煮る。
④ ③に味噌を溶き入れ、①を加えて火を止める。

夏 なす

材料(2人分)
- なす …………………… 1本
- みょうが ……………… 1個
- だし汁 ……………… 360cc
- 味噌 …… 大さじ1〜1½

作り方
① なすは半月型に切り、水にさらす。
② みょうがは2等分して芯をはずし、せん切りにして水にさらす。
③ 鍋にだし汁と①を入れて火にかけ、なすに火が通るまで煮る。
④ ③に味噌を溶き入れ、火を止めてから②を加える。

夏 オクラ

材料(2人分)
- オクラ ………………… 4本
- わかめ(乾燥)… 大さじ1
- だし汁 ……………… 360cc
- 味噌 …… 大さじ1〜1½

note
オクラはゆですぎると色が悪くなるので気をつけましょう。

作り方
① オクラは軽く塩(分量外)でもみ、30秒ほどゆで小口に切る。
② わかめは水で戻して水気を切る。
③ 鍋にだし汁を入れて火にかけ、煮立ってきたら味噌を溶き入れて①と②を加えて火を止める。

秋 しめじ

材料（2人分）
- しめじ ……… ½パック
- ほうれん草 …… 3〜4本
- だし汁 ………… 360cc
- 味噌 …… 大さじ1〜1½

作り方
① しめじは石づきを切り落として小房に分ける。
② ほうれん草はさっとゆでて3、4cmに切る。
③ 鍋にだし汁と①を入れて火にかけ、火が通ったら味噌を溶き入れ、②を加えて火を止める。

秋 さつまいも

材料（2人分）
- さつまいも（中）… 6cm
- 白ねぎ ………… 20cm
- だし汁 ………… 360cc
- 味噌 …… 大さじ1〜1½

作り方
① さつまいもは1cm角に切り、水にさらす。
② ねぎは1cmの筒切りにする。
③ 鍋に①とだし汁を入れて火にかけ、さつまいもがやわらかくなるまで煮る。
④ ②を加えて少し煮たら味噌を溶き入れ、火を止める。

冬 ごぼう

材料（2人分）
- ごぼう ………… ¼本
- なめこ ………… ½パック
- だし汁 ………… 360cc
- 味噌 …… 大さじ1〜1½

note
ごぼうは香りを楽しむため、皮はむかずによく洗います。

作り方
① ごぼうはたわしで皮の泥を洗い、ささがきにして水にさらす。茶色くなった水はかえてしばらくさらしたら、ざるにあげる。
② 鍋にだし汁と①を入れて火にかけ、あくをすくいながら煮る。
③ ごぼうに火が通ったらさっと水洗いしたなめこを加えて、味噌を溶き入れて火を止める。

冬 白菜

材料（2人分）
- 白菜 …………… 1枚
- かぼちゃ
  ………… ⅟₁₆個（約60g）
- だし汁 ………… 360cc
- 味噌 …… 大さじ1〜1½

note
余りがちな野菜でいろいろためしてみてください。

作り方
① 白菜はせん切りにする。
② かぼちゃは皮ごと薄いいちょう切りにする。
③ 鍋にだし汁と①②を入れて火にかけ、かぼちゃがやわらかくなるまで煮る。
④ 味噌を溶き入れ、火を止める。

お吸い物いろいろ

春 あさり

材料（2人分）
あさり ………… 10個
細ねぎ ………… 1本
酒 …………… 大さじ1
A ┃ だし汁 ………… 360cc
　┃ うす口しょうゆ … 小さじ1½
　┃ みりん ………… 小さじ1

note
酒蒸ししたあさりからもよいおだしが出ます。

作り方
① あさりは海水くらいの塩水に30分ほどつけて、砂出しをする。
② ねぎは小口に切る。
③ 鍋に①と酒と水大さじ1を入れて蓋をして加熱し、殻が開いたら火を止める。
④ ③の鍋にAを加えて火にかけ、ひと煮立ちしたらあくをすくい、②を加えて火を止める。

春 たけのこ

材料（2人分）
たけのこ（水煮）
　… 穂先の部分¼本分
三つ葉 ………… 2〜3枚
A ┃ だし汁 ………… 360cc
　┃ うす口しょうゆ
　┃ ………… 小さじ2
　┃ みりん ………… 小さじ1

作り方
① たけのこはくし切りにする。
② 三つ葉は、茎は2cmに切り、葉はそのまま残す。
③ 鍋にAと①を入れて火にかけ、ひと煮立ちしたら火を止める。
④ お椀に注いだら②を加える。

夏 ししとう

材料（2人分）
ししとう ………… 6本
油揚げ ………… 10×2cm
A ┃ だし汁 ………… 360cc
　┃ うす口しょうゆ
　┃ ………… 小さじ2
　┃ みりん ………… 小さじ1

作り方
① ししとうは金串などにさして直火であぶる。
② 油揚げは熱湯をくぐらせて油抜きをし、2cm角くらいに切る。
③ 鍋にAを入れて火にかけ、ひと煮立ちさせる。
④ お椀に①②を入れて③を注ぐ。

夏 そうめん

材料（2人分）
そうめん ………… ¼束
かまぼこ ………… 2cm
白ねぎ ………… 適宜
A ┃ だし汁 ………… 360cc
　┃ うす口しょうゆ
　┃ ………… 小さじ1½
　┃ みりん ………… 小さじ1

note
そうめんは少量なので別ゆでせずに加えます。

作り方
① かまぼこは4枚に切る。
② ねぎは斜めに切る。
③ 鍋にAを入れて火にかけ、沸騰したら2等分に折ったそうめんを加える。
④ そうめんに火が通ったら①②を加える。

秋 まいたけ

材料（2人分）
- まいたけ ……… ¼パック
- 水菜 ……… 7〜8本
- A
  - だし汁 ……… 360cc
  - うす口しょうゆ ……… 小さじ2
  - みりん ……… 小さじ1

作り方
① まいたけは小房に分ける。
② 水菜は3cmくらいに切る。
③ 鍋にAと①を入れて火にかけ、ひと煮立ちしたら②を加える。

秋 れんこん

材料（2人分）
- れんこん ……… 3cm
- しいたけ（小さめ）……… 2個
- A
  - だし汁 ……… 360cc
  - うす口しょうゆ ……… 小さじ2
  - みりん ……… 小さじ1

作り方
① れんこんは皮をむき2mmくらいの薄切りにして水にさらす。
② しいたけは石づきを切り落とし、かさに飾り包丁を入れる。
③ 鍋にAと①②を入れて火にかけ、れんこんが透き通ってきたら火を止める。

冬 たら

材料（2人分）
- 生たら ……… 1切れ
- 春菊 ……… 葉先1本分
- ゆずの皮 ……… 適宜
- 酒 ……… 少々
- 塩 ……… 少々
- A
  - だし汁 ……… 360cc
  - うす口しょうゆ ……… 小さじ2

作り方
① たらは一口大に切り、酒と塩をふって5分ほどおく。
② 鍋にAを入れて火にかけ、①を加えて火が通ったら火を止める。
③ お椀に②を注ぎ、ちぎった春菊の葉と吸い口に薄くそいだゆずの皮を浮かべる。

冬 大根

材料（2人分）
- 大根 ……… 1cm
- えのき ……… 15本くらい
- A
  - だし汁 ……… 360cc
  - うす口しょうゆ ……… 小さじ2
  - みりん ……… 小さじ1

作り方
① 大根は薄い短冊切りにし、水にさらす。
② えのきは1cmの長さに切る。
③ 鍋にAと①②を入れて火にかけ、大根が透き通ったら火を止める。

＊ 豚 汁 ＊

材料（2人分）

豚こま切れ肉	50g
ごぼう	8cm
にんじん	1cm
大根	1cm
里芋	1個
しいたけ	1個
白ねぎ	10cm
だし汁	360cc
味噌	大さじ1½
塩	少々
七味	適宜

作り方

① ごぼうは皮の泥をたわしで洗って、2cmくらいの長さの薄切りにして水にさらしてあくを抜く。

② にんじん、大根は短冊に切る。

③ 里芋は5mmくらいの厚さの半月型に切る。しいたけは薄切りにする。ねぎは斜めに切る。

④ 鍋にだし汁を入れ、豚肉・ねぎ以外の具材を加えて火にかける。5分くらいして火が通ったら豚肉を加えてあくをすくう。

⑤ 味噌を溶き入れ、ねぎを加えてひと煮立ちしたら火を止め、塩で味をととのえる。

⑥ 好みで七味をふる。

note ▶

豚肉はあとから加えたほうが固くなりません。

＊ 冷やしごま汁 ＊

材料（2人分）

なす ……………………… 1本
きゅうり …………………… 1本
だし汁 …………………… 300cc
白ごま …………………… 適量

A ┌ 白練りごま …… 大さじ1
　│ 酢 ……………… 大さじ2
　│ 砂糖 …………… 大さじ1½
　│ 味噌 …………… 大さじ2
　└ しょうが汁 …… 小さじ1

作り方

① なすは半月型の薄切りにして塩（分量外）をまぶし、しんなりさせる。

② きゅうりは薄い輪切りにして塩（分量外）をふり、しんなりさせる。

③ 鍋にだし汁100ccを温め、Aを入れてしっかり混ぜ合わせて溶かす。

④ ③に残りのだしを加えて、水気をしぼった①②を合わせる。

⑤ よく冷やしてごまをふる。

＊ けんちん汁 ＊

材料（2人分）

- ごぼう ……………… 8cm
- にんじん …………… 1cm
- 里芋 ………………… 1個
- しめじ ……………… ¼パック
- こんにゃく ………… 8×1cm
- 油揚げ ……………… 10×4cm
- 九条ねぎ（青ねぎ） ……… 適量

A ┌ だし汁 ……………… 360cc
　└ うす口しょうゆ …… 小さじ2

作り方

① こんにゃくは熱湯でゆでてあく抜きしたあと薄切りする。

② ごぼうは皮の泥をたわしで洗って、3mmの厚さに斜めに切り、水にさらしてあくを抜く。

③ にんじん、里芋はいちょう切りにする。油揚げは熱湯にくぐらせて油抜きして短冊に切る。

④ しめじは小房に分ける。ねぎは小口に切る。

⑤ 鍋にAを入れ、ねぎ・油揚げ以外の具材を加えて火にかける。あくをすくいながら煮て、火が通ったら油揚げを加えて器に盛りつけ、ねぎを添える。

note ▶

お豆腐を使うこともありますが、油揚げを使うとこくが出ます。

＊ 鯛の赤だし ＊

材料（2人分）

鯛 ……………………… 2切れ
三つ葉（茎）…………… 2〜3本
だし汁 ………………… 360cc
赤だし味噌 …… 大さじ1〜1½
酒 ……………………… 小さじ2

作り方

① 鯛は1切れを2、3等分し、酒をふっておく。

② 三つ葉は細かく切る。

③ 鍋にだし汁を入れて火にかけ、沸騰したら①を加える。

④ ③に火が通ったら味噌を溶き入れ、火を止める。

⑤ お椀に注ぎ、②を加える。

野菜のポタージュいろいろ

昆布だしで、野菜のおいしさを引き出して

🌸 春 えんどう

材料（2人分）
- えんどう豆（さやから出して） 100g
- 昆布だし（p.9参照） 150cc
- 牛乳 100cc
- 生クリーム 50cc
- 塩・コショウ 各少々
- パセリ 適宜

作り方
① えんどう豆はさやから出して5分ほどやわらかめにゆでる。
② ミキサーに①、昆布だし、牛乳を入れて攪拌する。
③ ②を鍋にあけて温め、生クリームを加えて火を止め、塩・コショウで味をととのえる。
④ 器に注ぎ、パセリのみじん切りを浮かべる。

🌸 春 キャベツ

材料（2人分）
- キャベツ 1/8個
- 昆布だし 200cc
- 牛乳 100cc
- 生クリーム 50cc
- 塩・コショウ 各少々
- クルトン 適宜

note
クルトンは、好みのパンを5mm角に切り、フライパンでからいりします。

作り方
① キャベツはせん切りにし、昆布だしでやわらかく煮る。
② ミキサーに①と牛乳を入れて攪拌する。
③ ②を鍋にあけて温め、生クリームを加えて火を止め、塩・コショウで味をととのえる。
④ 器に注ぎ、クルトンを浮かべる。

🌿 夏 とうもろこし

材料（2人分）
- とうもろこし 1本
- 昆布だし 150cc
- 牛乳 100cc
- 塩・コショウ 各少々
- 粉チーズ 適宜

作り方
① とうもろこしは包丁でこそげるようにして実をはずす。
② ①を昆布だしで煮る。
③ ミキサーに②と牛乳を入れて攪拌する。
④ ③を鍋にあけて温め、塩・コショウで味をととのえる。
⑤ 器に注ぎ、粉チーズをふる。

🌿 夏 枝豆

材料（2人分）
- 枝豆 50さやくらい（さやから出して約100g）
- 昆布だし 150cc
- 牛乳 100cc
- 生クリーム 50cc
- 塩・コショウ 各少々
- お揚げクルトン 適宜

note
お揚げクルトンは、5mm角に切った油揚げをフライパンでカリカリにからいりします。

作り方
① 枝豆はやわらかめにゆでてさやから出しておく。
② ミキサーに①、昆布だし、牛乳を入れて攪拌する。
③ ②を鍋にあけて温め、生クリームを加えて火を止め、塩・コショウで味をととのえる。
④ 器に注ぎ、お揚げクルトンを浮かべる。

秋 かぼちゃ

材料（2人分）
- かぼちゃ ……… 1/8個
- 昆布だし ……… 250cc
- 牛乳 ……… 150cc
- 塩・コショウ … 各少々
- オリーブ油 …… 少々

note
かぼちゃの皮の浮き実は、①の皮をオリーブ油で炒め、粗熱がとれたら細く切ります。

作り方
1. かぼちゃは皮をむき、2cm角くらいに切る。皮は浮き実にするのでとっておく。
2. ①を昆布だしでやわらかく煮る。
3. ミキサーに②と牛乳を入れて攪拌する。
4. ③を鍋にあけて温め、塩・コショウで味をととのえる。
5. 器に注ぎ、かぼちゃの皮を浮かべる。

秋 栗

材料（2人分）
- 栗 ……… 10個
- 昆布だし ……… 200cc
- 牛乳 ……… 150cc
- 塩・コショウ … 各少々
- シナモン ……… 適宜

作り方
1. 栗は水から15分ほどゆでる。
2. ①を半分に切って、中身をスプーンで取り出す。
3. ミキサーに②、昆布だし、牛乳を入れて攪拌する。
4. ③を鍋にあけて温め、塩・コショウで味をととのえる。
5. 器に注ぎ、シナモンをふる。

冬 ほうれん草

材料（2人分）
- ほうれん草 … 4〜5株
- 昆布だし ……… 150cc
- 牛乳 ……… 100cc
- 塩・コショウ … 各少々
- 白ごま ……… 適宜

note
ごまは指でひねりながらふると香りがよくなります。

作り方
1. ほうれん草はやわらかめにゆでて、冷水にあててよくしぼっておく。
2. ミキサーに①、昆布だし、牛乳を入れて攪拌する。
3. 鍋に②をあけて温め、塩・コショウで味をととのえる。
4. 器に注ぎ、白ごまをふる。

冬 にんじん

材料（2人分）
- にんじん ……… 1本
- 昆布だし ……… 250cc
- 牛乳 ……… 100cc
- 生クリーム …… 50cc
- 塩・コショウ … 各少々
- カイエンヌペッパー … 適宜

作り方
1. にんじんは適当な大きさに切る。
2. ①を昆布だしでやわらかく煮る。
3. ミキサーに②と牛乳を入れて攪拌する。
4. ③を鍋にあけて温め、生クリームを加えて火を止め、塩・コショウで味をととのえる。
5. 器に注ぎ、カイエンヌペッパーをふる。

昆布と野菜のシンプルスープ

春 ブロッコリー

材料（2人分）
- ブロッコリー …… 1/4個
- 昆布だし ……… 400cc
- 塩・コショウ … 各少々

作り方
① ブロッコリーは小房に分け、茎は皮をむいて薄切りにする。
② 鍋に昆布だしと①の茎を入れて加熱し、くたっとしたら小房の部分を加える。
③ 火が通ったら塩・コショウで味をととのえ、火を止める。

春 新じゃが

材料（2人分）
- じゃがいも ……… 1/2個
- ベーコン ………… 1枚
- 昆布だし ………… 400cc
- 塩・コショウ … 各少々
- パセリ …………… 適宜

作り方
① じゃがいもはせん切りにして水にくぐらせる。
② ベーコンは細切りにする。
③ 鍋に昆布だしと①②を入れて加熱する。
④ 火が通ったら塩・コショウで味をととのえ、火を止める。
⑤ 器に注ぎ、パセリのみじん切りを浮かべる。

夏 トマト

材料（2人分）
- トマト …………… 1個
- 昆布だし ……… 200cc
- 塩・コショウ … 各少々
- オリーブ油 ……… 少々
- バジル …………… 適量
- タバスコ ………… 適宜

note
直火が使えない場合は、トマトは湯むきにしてください。

作り方
① トマトはヘタにフォークを刺して直火にあてて皮をむく。
② ①を1cm角に切る。
③ 鍋に昆布だしと②を汁ごと入れて加熱して5分ほど煮る。
④ 火が通ったら、塩・コショウで味をととのえる。
⑤ 器に注ぎ、オリーブ油をふり、あらみじんに切ったバジルを飾る。好みでタバスコを加える。

夏 ピーマン

材料（2人分）
- ピーマン ………… 1個
- 玉ねぎ …………… 1/4個
- 昆布だし ………… 400cc
- 塩・コショウ … 各少々

作り方
① ピーマンは薄い輪切り、玉ねぎはみじん切りにする。
② 鍋に昆布だしと①を入れて加熱する。
③ 火が通ったら塩・コショウで味をととのえ、火を止める。

秋 里芋

材料（2人分）
- 里芋 …………… 1個
- 昆布だし ……… 400cc
- 塩・コショウ … 各少々
- だしをとったあとの昆布 …… 5×5cmくらい

note
上質の昆布はスープの具材としてもおいしくいただけます。

作り方
① 里芋は皮をむき、1cm角に切る。
② 昆布は1cm角に切る。
③ 鍋に①②と昆布だしを入れて加熱する。
④ 里芋に火が通ったら塩・コショウで味をととのえ、火を止める。

秋 まいたけ

材料（2人分）
- まいたけ ……… ½パック
- 昆布だし ……… 400cc
- 塩・コショウ … 各少々
- 白ごま ………… 適量
- ごま油 ………… 適宜

作り方
① まいたけは、軸は5mmのさいの目に切り、かさは手でさく。
② 鍋に昆布だしと①を入れて加熱し、4、5分煮る。
③ 塩・コショウで味をととのえ、火を止め、白ごまとごま油を加える。

冬 小かぶ

材料（2人分）
- 小かぶ ………… ½個
- 昆布だし ……… 400cc
- 塩・コショウ … 各少々
- だしをとったあとの昆布 …… 3×5cmくらい
- 小かぶの茎 …… 適宜

作り方
① 小かぶは皮をむき、いちょう切りにする。
② 昆布は細切りにする。
③ 鍋に昆布だしと①②を入れて加熱し、小かぶが透き通るまで5、6分煮る。
④ 小かぶの茎を小口切りにして③に加えて塩・コショウで味をととのえ、火を止める。

冬 水菜

材料（2人分）
- 水菜 …………… 1株
- 昆布だし ……… 400cc
- 塩・コショウ … 各少々

作り方
① 水菜は、葉先は2cm、白い茎は5mmの長さに切る。
② 鍋に昆布だしを加熱して茎の部分を4、5分煮る。
③ 葉の部分を加えて塩・コショウで味をととのえ、火を止める。

＊お餅のタイ風スープ＊

材料（2人分）

- 餅 …………………………… 2個
- だし汁 ……………………… 400cc
- 白ねぎ ……………………… 8cm
- しいたけ …………………… 2個
- サクラエビ ………… 16尾くらい
- もやし ……………………… 30g
- ナンプラー ………… 小さじ2
- 塩・コショウ ………… 各少々
- タバスコ …………………… 適宜

作り方

① 餅は半分に切る。

② ねぎはせん切りにする。青い部分も飾り用に少しせん切りする。

③ しいたけは薄切りにする。

④ 鍋にだし汁を加熱し、②の白い部分、③ともやしを入れて煮る。

⑤ 野菜がくたっとしたら餅とナンプラー、サクラエビを加える。

⑥ 餅がやわらかくなったら火を止め、塩・コショウで味をととのえる。

⑦ 器に注いだら②の青い部分を飾り、好みでタバスコをふる。

鍋もの

お鍋のスープもおだしでわが家の味に

＊ おでん ＊

材料（4人分）

大根	10〜12cm
こんにゃく	1枚
寿司用油揚げ	4枚
三つ葉	4本
餅	4個
煮込み用ちくわ	2本
ゆで卵	4個
ごぼう天	4本
ゆでだこの足	2本
米のとぎ汁	適量

A ┌ だし汁 ……… 1ℓ
　├ こい口しょうゆ … 大さじ3
　├ 塩 ………… 少々
　└ みりん ……… 大さじ1

作り方

① 大根は2、3cmの厚さに切って皮をむき、面取りをしてかぶるくらいの米のとぎ汁で40〜50分串が通るまでゆでる。ぬかは水で洗い落とす。

② こんにゃくは1〜2分下ゆでして三角形に切り、油揚げは油抜きして1辺を切り、スプーンの柄などを使って開き袋状にする。

③ 三つ葉をラップで包み10秒ほど電子レンジで加熱してやわらかくする。

④ ②の油揚げに餅を入れ③の三つ葉で巻き、ほどけないように結ぶ。

⑤ たことちくわは斜めに2等分する。

⑥ 鍋に④以外の材料とAを入れ煮立てる。

⑦ ⑥が沸騰したら弱火にして1時間以上煮る。たこは最初の5分くらいで取り出す。いただく10分前くらいに④と取り出したたこを加えて餅がやわらかくなったら火を止める。

note ▶

大根は米のとぎ汁で下ゆですることでくさみがとれ、味もしみやすくなります。

＊ 鶏ねぎ団子の豆乳鍋 ＊

材料（4人分）

鶏ひき肉 ………………… 200g
エリンギ ………………… 1〜2本
水菜 …………………………… ½束
九条ねぎ（青ねぎ） ……… 1本
しょうが ………………………… ½片
豆乳 ……………………… 400cc
塩 ………………………………… 少々
片栗粉 ………………… 小さじ1
ゆず胡椒 ……………………… 適宜

A ┌ だし汁 ……………… 800cc
　│ うす口しょうゆ …… 大さじ2
　│ 塩 ………………… 小さじ½
　└ 酒 ………………… 大さじ1

作り方

① エリンギは縦に薄切り、水菜は4、5cmに切る。

② ねぎは小口切り、しょうがはおろす。

③ 鶏ひき肉に②と片栗粉、塩を加えてゴムべらでよくこねる。

④ 鍋にAを入れ煮立たせる。

⑤ ④に③を2本のスプーンを使ってすくって丸めながら落としていく。

⑥ ⑤に①のエリンギを加えてくたっとしたら豆乳を入れ、水菜を加えたら取り分ける。

⑦ 好みでゆず胡椒を添える。

note ▶

豆乳が加熱されておいしいおぼろ豆腐ができるので、いっしょにいただきましょう。

＊ 寄せ鍋 ＊

材料（4人分）

白菜	……………	⅛個
春菊	……………	1束
しめじ	……………	1パック
えのき	……………	1パック
しいたけ	……………	4個
白ねぎ	……………	1本
生たら	……………	4切れ
鶏もも肉	……………	1枚
豆腐	……………	½丁
あさり	……………	200g

A
だし汁	……………	1ℓ
こい口しょうゆ	……	大さじ2
みりん	……………	大さじ2
塩	……………	小さじ1

七味 …………… 適宜

作り方

① あさりは海水くらいの塩水に30分ほどつけて、砂出しする。

② 白菜は2、3cm幅のそぎ切り、春菊は食べやすい長さに切る。しめじ、えのきは小房に分け、しいたけは飾り包丁を入れる。ねぎは斜めに切る。

③ 豆腐はふきんまたはキッチンペーパーでくるんで水切りして、食べやすい大きさに切る。たら、鶏肉も食べやすい大きさに切る。

④ 鍋にAを入れて加熱し、煮立ったら鶏肉を入れ、火が通ったらあさり、たら、残りの具材を加える。

⑤ 好みで七味をふる。

note ▶

しめにうどんを入れたり、ごはんを入れてぞうすいなどにすると、だしをすべていただけます。

> おだしで簡単離乳食

　　　　にんじん　　　かぼちゃ　　　ごはん

教室に通ってくださっている生徒さんの中には、初めての赤ちゃんを授かる方がいらっしゃいます。親になってはじめて"きちんとした食"に目覚める方も多く、まず離乳食の壁にぶち当たるようなのです。私も事実そうでしたので。
というのも"きちんとした"という部分が重すぎて、凝りすぎてしまったり気をつかいすぎてしまったり……。そこで私はそうした生徒さんにあえて言うのです。

　　　　ブロッコリー　　　　玉ねぎ　　　　うどん

「離乳食はついでに作ればいいよ」って。
自分たち夫婦のごはんでだしをとり、とにかくそれでなんでも煮てつぶせばいいんだよって。赤ちゃんは気まぐれなので、一所懸命作った時に限って食べてくれない！　なんてしょっちゅう。でもついでに作ったものなら腹も立たないでしょ？　といった具合です。そんな感じのついでのごはんで育った息子が、今は高校球児です。

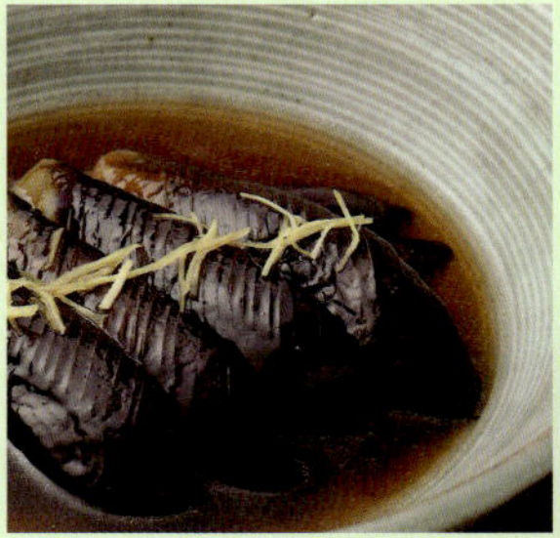
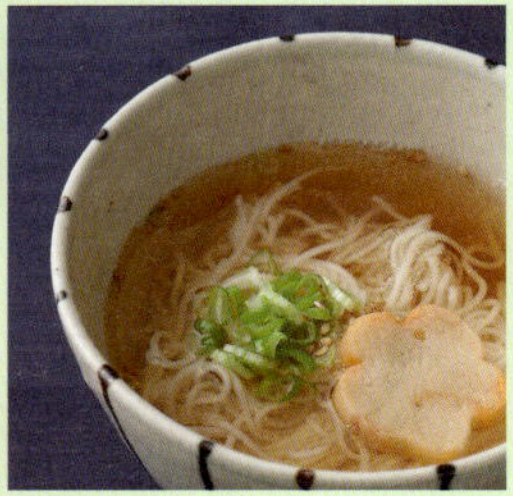
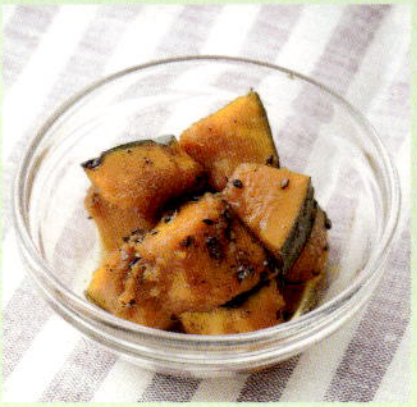

第 3 章

おだし basic

＊ 大根の煮物 ＊

材料（2人分）

大根 ……………………… 8cm
厚揚げ …………………… 2個

A ┌ だし汁 ……………… 150cc
　├ うす口しょうゆ … 大さじ1½
　├ 砂糖 ……………… 大さじ1
　└ みりん …………… 大さじ½

米のとぎ汁 ……………… 適量

作り方

① 大根は2cmの厚さに切り、皮をむいて面取りする。片面に十文字の隠し包丁を半分くらいの厚さまで入れる。

② 鍋に①と大根がかぶるくらいの米のとぎ汁を入れて加熱し、40〜50分ゆでて串が通るやわらかさになったらざるにあげ、水でぬかを洗い落とす。

③ 厚揚げは熱湯にくぐらせて油抜きして、食べやすい大きさに切る。

④ 鍋にAと②の大根と③を入れ、落とし蓋（アルミホイル）と鍋蓋をして15分ほど煮、火を止めて15分ほどそのままおく。

note ▶

落とし蓋と鍋蓋の二重の蓋をすることで、少量のだしと調味料で味をふくませることができます。

✳︎ かぼちゃといんげんの煮物 ✳︎

材料（2人分）

かぼちゃ ……………… ⅛個
いんげん ……………… 8本

A ┌ だし汁 ……………… 100cc
　├ こい口しょうゆ …… 大さじ1
　├ 砂糖 ………………… 大さじ½
　└ みりん ……………… 大さじ½

作り方

① かぼちゃは種をとって食べやすい大きさに切り、面取りする。

② いんげんは筋をとって塩（分量外）を加えた湯でさっと下ゆでし、斜めに2等分する。

③ 鍋にAと①を入れて落とし蓋（アルミホイル）と鍋蓋をして、中火で10分ほど煮る。

④ ほっくりしたら②を加えて火を止める。

＊小松菜の煮びたし＊

材料（2人分）

小松菜 ……… ½束（3株くらい）
油揚げ ……………… 5×10cm

A ┌ だし汁 ……………… 50cc
  │ うす口しょうゆ …… 大さじ½
  │ みりん …………… 大さじ½
  └ 砂糖 ……………… 小さじ¼

白ごま ……………………… 適宜

作り方

① 小松菜は長さ5cmほどに切る。

② 油揚げは熱湯にくぐらせ油抜きして、細切りにする。

③ 鍋にAと①②を入れてかき混ぜて蓋をし、最初は中火にして、煮立ったら弱火にしてくたっとするまで5分ほど煮る。

④ 好みで白ごまをふる。

＊なすの揚げびたし＊

材料（2人分）

なす ······················· 2本

A ┌ だし汁 ················ 200cc
　├ こい口しょうゆ ··· 大さじ1
　├ みりん ············· 小さじ1
　└ 砂糖 ················ 小さじ1

しょうが ··················· ½片
サラダ油 ················ 大さじ2

作り方

① なすはヘタを切り落とし、縦2等分に切って皮に斜めの細かい切り込みを入れる。さらに縦2等分に切り、水にさらす。

② しょうがをせん切りにして、バットに入れたAに加える。

③ ①の水気をキッチンペーパーなどでふいてしっかり切り、ボウルに入れてサラダ油をまんべんなくまぶす。

④ 熱したフライパンに③を入れて軽く炒め、全体に熱がまわったら蓋をしてしんなりするまで1、2分中火で蒸し焼きにする。

⑤ 熱いうちに②に漬け込む。

note ▶

たくさんの油で揚げなくてもおいしくできる方法です。ししとう等でも同様に。

＊ 切り干し大根の煮物 ＊

材料(2人分)

- 切り干し大根 …… 30g
- にんじん …… 4cm
- 油揚げ …… 5×10cm

A
- だし汁 …… 200cc
- 切り干し大根の戻し汁 …… 100cc
- こい口しょうゆ …… 大さじ2
- みりん …… 大さじ1
- 砂糖 …… 大さじ1

作り方

① 切り干し大根は水で戻し、水気をしぼる。戻し汁はとっておく。

② にんじんは細切りにする。

③ 油揚げは熱湯にくぐらせ油抜きして、細切りにする。

④ 鍋にAと材料をすべて入れて蓋をして加熱し、沸騰したら弱火にして10分ほど煮る。

⑤ 火を止めたら蓋をしたまましばらくおき、味をふくませる。

note ▶
切り干し大根の戻し汁も旨みをふくんだ、いいおだしになります。

＊チンゲン菜のきのこあん＊

材料（2人分）

- チンゲン菜 …………… 大1株
- えのき ………………… ½パック
- エビ …………………… 4尾
- しょうが … スライス2〜3枚分

A ┃ だし汁 …………… 150cc
　┃ こい口しょうゆ … 大さじ1
　┃ みりん ………… 大さじ½
　┃ 塩 ……………… 小さじ¼

水溶き片栗粉
　　水 ………………… 大さじ1
　　片栗粉 …………… 大さじ1
酒 ………………………… 小さじ½

作り方

① エビは殻をむいて背わたをとり、細かく刻んで酒をふる。

② えのきは石づきを切り落とし2cmに切る。

③ チンゲン菜を塩（分量外）を加えた湯でさっとゆで、上下で2等分する。下のほうは株をつけたまま8つのくし切りに、上の葉は2、3cmに切る。

④ 鍋にAを煮立たせて②を加える。煮立ったら①を入れ、エビが赤くなったら水溶き片栗粉を加えてとろみをつける。

⑤ ③の水気を切って器に盛り、④をかけてせん切りにしたしょうがをのせる。

＊ だし巻き ＊

材料（1本分）

卵 ……………………………… 4個

A ┌ だし汁 ……………………… 50cc
　└ うす口しょうゆ …… 小さじ1

サラダ油 ……………………… 適量
紅しょうが …………………… 適宜

作り方

① ボウルに卵をしっかり溶き、Aを加える。

② 熱した小ぶりのフライパンにサラダ油をひき、①の半量を流し入れ中火にする。菜箸でかき混ぜながら、手前に寄せていく。

③ ②の卵が固まってきたら奥に箸で押すようにして移動させて芯にする。

④ フライパンの空いた部分にサラダ油を薄くひいて弱火にし、残りの卵の半量を流し込み、③の奥の卵の芯を持ちあげながら、下にも流し込むようにする。

⑤ 流し込んだ卵はかき混ぜずに、フライパンをまわしながら広げ、半熟のうちに③の卵の芯を包むように手前に巻いていく。

⑥ ④の残りの卵も同様に巻いていく。

⑦ キッチンペーパーを重ねた巻きすで形をととのえ、粗熱がとれたら切り分ける。好みで紅しょうがを添える。

* 茶わん蒸し *

材料（2人分）

鶏ささ身 ……………… 小さめ1本
エビ ……………………………… 2尾
ユリ根 ………………………… 30g
三つ葉 …………………… 2〜3本
卵 ………………………………… 1個
しいたけ …………………… 2個

A ┌ だし汁 ………………… 100cc
　│ うす口しょうゆ …… 小さじ1
　│ みりん ……………… 小さじ½
　└ 塩 ………………………… 少々

作り方

① 鶏ささ身は1cm幅くらいに斜めに切る。

② エビは殻をむき、背わたをとる。尾の先端を2mmほど切り落とし、黒い部分を包丁の背でしごき出す。

③ 三つ葉の茎は2cmに切る。葉は飾り用に残す。

④ しいたけは飾り包丁を入れる。ユリ根は小さめにほぐす。

⑤ ボウルに卵を割り入れよく溶き、Aを加えて混ぜ、卵液をつくる。

⑥ 器（そばちょこや湯呑みなどでもよい）にしいたけが一番上になるように①〜④を入れ、⑤を茶こしで漉しながらゆっくり注ぐ。

⑦ 鍋にふきんを敷き、水を2cmくらいはって⑥を並べて蓋をして強火にする。沸騰したら弱火にして、10〜15分くらい蒸す。

⑧ 三つ葉を飾る。

note ▶

蒸し器がなくても作れる方法です。ある方は蒸し器を使ってください。また、卵液とだし汁を合わせる順番に注意してください。
熱いだし汁の方に溶き卵を加えてはいけません。かき玉汁のようにかたまります。だし汁の温度によって蒸し時間は若干変わります。

＊炊き込みご飯＊

材料(4人分)

- 鶏もも肉 ……………… ½枚
- ごぼう ………………… 10cm
- にんじん ……………… ⅓本
- レンコン ……………… 2cm
- エリンギ ……………… 1〜2本
- 米 ……………………… 2カップ
- 酒 ……………………… 少々

A
- だし汁 ……………… 400cc
- こい口しょうゆ …… 大さじ1
- みりん ……………… 大さじ½
- 塩 …………………… 小さじ¼

作り方

① 鶏もも肉は皮と白い脂をとりのぞき、小さく切って酒をふる。

② ごぼうは泥をたわしで洗い、ささがきにして水にさらしてあくを抜く。

③ にんじん、レンコン、エリンギは小さめの薄切りにする。レンコンは水にくぐらせる。

④ 鍋に研いだ米とAを入れ、①〜③をのせて蓋をし、タイマーを12分にセットして強火にかける。沸騰したら弱火にして炊く。10分ほどむらしたら、底からしゃもじで返す。炊飯器の場合は、ふだん通りに炊く。

note ▶

鶏肉の白っぽい脂を取りのぞくひと手間で、くさみがとれておいしく仕上がります。

お弁当のおかず　どこかほっとするおだし味をお弁当の一品に

✳ ちくわとひじき ✳

材料(2人分)
- ちくわ ……………………… 1本
- ひじき(乾燥) ……………… 小さじ½
- A[だし汁 ……………………… 大さじ2
　　こい口しょうゆ ………… 小さじ½]

作り方
① ひじきは水で戻し、水気を切る。
② ちくわは斜めに6等分に切る。
③ 耐熱ボウルに①②とAを入れ、ふんわりラップをかけて電子レンジで30〜40秒加熱する。
④ レンジから出したらひと混ぜして1分ほどそのままおき、味をなじませる。

✳ えび ✳

材料(2人分)
- エビ ………………………… 2尾
- 酒 …………………………… 小さじ½
- A[だし汁 ……………………… 大さじ1
　　こい口しょうゆ ………… 小さじ½]

作り方
① エビはハサミで背中を切り開き、背わたをとる。
② 耐熱ボウルに①とAを入れて酒をふり、ふんわりラップをかけて電子レンジで30〜40秒加熱する。
③ レンジから出したらひと混ぜして1分ほどそのままおき、味をなじませる。

✳ にんじんとかつお節 ✳

材料(2人分)
- にんじん …………………… ¼本
- かつお節 …………………… 1パック(3g)
- 水 …………………………… 大さじ2
- こい口しょうゆ …………… 小さじ½

作り方
① にんじんは細めの拍子木切りにする。
② 耐熱ボウルに①とほかの材料すべてを入れてかき混ぜ、ふんわりラップをかけて40〜50秒加熱する。
③ レンジから出したらひと混ぜして1分ほどそのままおき、味をなじませる。

note
かつお節がだし汁がわりになります。

かぼちゃとごま

材料（2人分）
- かぼちゃ ……………………… 1/16個
- 黒ごま …………………………… 適量
- A
  - だし汁 ………………………… 大さじ1
  - こい口しょうゆ ……………… 小さじ1
  - みりん ………………………… 小さじ1/2
  - 砂糖 …………………………… 小さじ1/2

作り方
1. かぼちゃは角切りにする。
2. ①とAを耐熱ボウルに入れふんわりラップをかけて電子レンジで40〜50秒加熱する。
3. ②をレンジからいったん取り出し、上下を返すようにかき混ぜてさらに30〜40秒加熱する。
4. ③をそのまま1分ほどおき味がなじんだら、ごまを指でひねりながらふる。

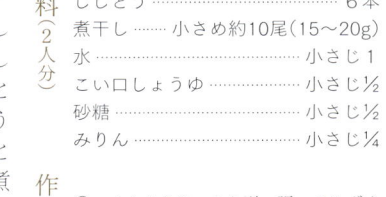

ししとうと煮干し

材料（2人分）
- ししとう ……………………… 6本
- 煮干し …… 小さめ約10尾（15〜20g）
- 水 ……………………………… 小さじ1
- こい口しょうゆ ……………… 小さじ1/2
- 砂糖 …………………………… 小さじ1/2
- みりん ………………………… 小さじ1/4

作り方
1. ししとうはヘタを引っ張ってはずす。
2. 耐熱ボウルに①とほかの材料すべてを入れ、ふんわりラップをかけて電子レンジで20〜30秒加熱する。
3. ②を途中でかき混ぜ、さらに20〜30秒加熱する。
4. レンジから出したらひと混ぜして、1分ほどそのままおき、味をなじませる。

note
煮干しからいいおだしが出ます。

じゃがいもと干ししいたけ

材料（2人分）
- じゃがいも …………………… 1/2個
- 干ししいたけ ………………… 1枚
- A
  - こい口しょうゆ ……………… 大さじ1
  - 砂糖 …………………………… 大さじ1/2
  - みりん ………………………… 大さじ1/2

作り方
1. 干ししいたけはぬるま湯で5分ほど戻し、やわらかくなったら軸を切り落として4つに切る。戻し汁は大さじ3とっておく。
2. じゃがいもは皮をむいて4〜6個に切り分け、水にくぐらせる。
3. 耐熱ボウルに①のしいたけと戻し汁、②、Aを入れ、ふんわりラップをかけて電子レンジで1分半加熱してかき混ぜる。さらに1分半、じゃがいもがやわらかくなるまで加熱する。

余った食材で おだしがあれば余った食材も立派な一品に

✳ 大根のおろし汁 ✳

材料（2人分）
大根 ……………… 8cm
細ねぎ …………… 適量

A ┃ だし汁 ………… 100cc
  ┃ うす口しょうゆ
  ┃ ………… 小さじ2
  ┃ みりん ……… 小さじ1
  ┃ 片栗粉 ……… 小さじ2

作り方
① 大根は皮ごとおろして水気を切る。おろし汁50ccほどは別にとっておく。
② 鍋にAと①のおろし汁を入れ、底からよくかき混ぜながら温める。
③ ②にとろみがついたら火を止める。
④ 器に①の大根おろしを盛り、③をゆっくり流し込み、細く切ったねぎを添える。

note
だし汁が熱いうちに片栗粉を混ぜるとムラになるので、冷ましただし汁を使います。

✳ 大根の即席漬け ✳

材料（2人分）
大根 … 長さ5cmの縦半分
塩 ……………… 小さじ½
鷹の爪 ……………… ⅓本

A ┃ だし汁 ……… 大さじ1
  ┃ こい口しょうゆ… 小さじ1
  ┃ 砂糖 ………… 小さじ1
  ┃ 酢 …………… 小さじ1
  ┃ みりん ……… 小さじ½

作り方
① 大根は、長さ5cmの短冊の薄切りにする。
② ①に塩をふり、しんなりしたら水気をしぼる。
③ ②をAに漬け込み、鷹の爪を添える。

note
すぐに食べられます。鷹の爪は漬け込んでやわらかくなってからハサミで切ると割れずにきれいな輪になります。

白菜の卵とじ

材料(2人分)

白菜 ……………… 1～2枚
卵 ………………… 1個

A ┃ だし汁 ………… 50cc
　┃ こい口しょうゆ
　┃ ……………… 小さじ1
　┃ みりん ……… 小さじ½

作り方

① 白菜は白い部分は細切り、緑の葉は4、5cmに切る。
② 鍋にAと①を入れて蓋をして中火で煮る。
③ くたっとしたら、溶き卵を全体にまわしかけ、再度蓋をして卵がふんわりしたら火を止める。

note
白菜の内側の芯に近い黄色い部分は甘いので、サラダにしてもおいしいです。

白菜のしょうがあん

材料(2人分)

白菜 ……………… 2～3枚
しょうが ………… ½片
ごま油 …………… 少々

A ┃ だし汁 ………… 200cc
　┃ こい口しょうゆ
　┃ ……………… 小さじ2
　┃ 砂糖 ………… 小さじ1
　┃ 片栗粉 ……… 小さじ2

作り方

① 白菜はそぎ切りにする。
② ①に塩少々(分量外)をふって耐熱ボウルに入れ、ラップをかけて電子レンジで1分～1分30秒加熱する。
③ しょうがはすりおろす。
④ 鍋にAと③を入れ、よく混ぜながら温めとろみがついたら火を止める。
⑤ 器に②を盛りつけ、④をかけてごま油で香りをつける。

note
p.74同様だし汁は冷めたものを使います。熱い場合は片栗粉は水溶きにしてあとで加えます。

* こんにゃくのからし田楽 *

材料（2人分）
こんにゃく ･････････ 5cm
A ┃ 白味噌 ･･････ 大さじ1
　 ┃ だし汁 ･･････ 小さじ1
からし ･･････････････ 少々

作り方
① こんにゃくは4等分に切り、片面に網目状の切り込みを入れる。
② ①を1〜2分下ゆでする。
③ 耐熱ボウルにAを入れて、ラップなしで電子レンジで10秒ほど加熱する。
④ ②に楊枝を刺し、切り込みの面を上にして③とからしを塗る。

* こんにゃくの味噌煮 *

材料（2人分）
こんにゃく ･････････ 10cm
A ┃ 赤だし味噌 ･･･ 大さじ1
　 ┃ だし汁 ･･･････ 150cc
　 ┃ 砂糖 ･･･････ 大さじ1
　 ┃ みりん ･････ 大さじ1
七味 ････････････････ 少々

作り方
① こんにゃくは手でちぎって1〜2分下ゆでする。
② 鍋にAと①を入れて、蓋をして弱火で5分ほど煮る。
③ 蓋をとって、かき混ぜながら、煮詰めていく。
④ 好みで七味をふる。

note
こんにゃくを下ゆでするのはあく抜きのため。あく抜き済みのものはそのまま使えます。

だししょうゆの冷奴

材料（2人分）

豆腐 …………………… ½丁
A ┌ だし汁 …… 大さじ2
　├ こい口しょうゆ
　└ ………… 小さじ1
大葉 …………………… 1枚
白ごま ………………… 適宜

作り方

① 豆腐はキッチンペーパーやふきんでくるんで水切りして、食べやすい大きさに切る。
② 大葉はせん切りして水にさらす。
③ 器にAを張り①を盛りつける。水気を切った②とごまを飾る。

note
しょうゆにだしを加えることでまろやかな風味に。

とろろ豆腐汁

材料（2人分）

豆腐 …………………… ½丁　　三つ葉(茎) ………… 適宜
長芋 …………………… 4cm
A ┌ だし汁 ……… 180cc
　├ こい口しょうゆ
　│ ………… 大さじ1
　└ みりん …… 小さじ1

作り方

① 豆腐はキッチンペーパーやふきんでくるんで水切りする。
② ①をゴムべら等で粗くつぶす。長芋はすりおろす。
③ 鍋にAを入れて加熱し、煮立ったら②を加えてかき混ぜる。
④ ③が再度煮立ってきたら火を止め、器に注いで細かく切った三つ葉の茎を加える。

時間がない時のほっこりレシピ

＊ にゅうめん ＊

材料(2人分)
そうめん……………………………… 2束
A ┌ だし汁 ……………………………… 360cc
  └ うす口しょうゆ ………………… 小さじ2
九条ねぎ(青ねぎ) ……………………… 適量
麩 …………………………………………… 適量
白ごま …………………………………… 適宜

作り方
① ねぎは小口切りにする。
② そうめんは普通にゆがく。
③ 鍋にAを入れて温める。
④ 器に①②、麩を盛りつけ、③を注ぎ、白ごまをふる。

✽ おだしのお茶漬け ✽

材料(2人分)
ごはん ……………………… 茶わん2杯分
だし汁 ……………………………………… 適量
あられ(お茶漬け用) …………………… 適量
梅干し ……………………………………… 2個
刻みのり ………………………………… 適量

作り方
① 鍋にだし汁を入れて温める。
② ごはんにあられと梅干しをのせ、①をかけ、刻みのりをのせる。

note
好みのお漬けものを刻んでのせたり、わさびを添えたり、いろいろアレンジしてください。

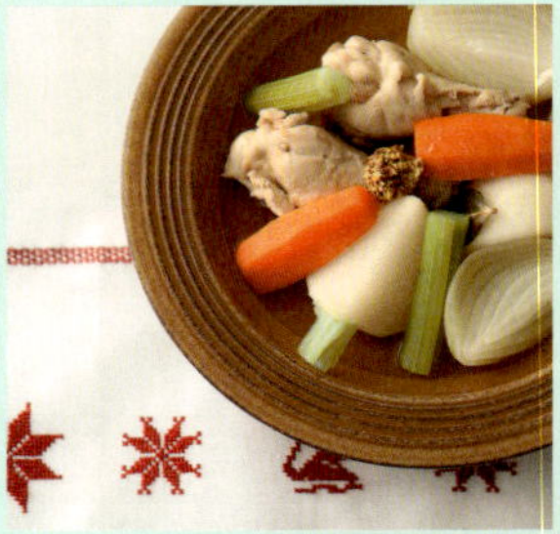
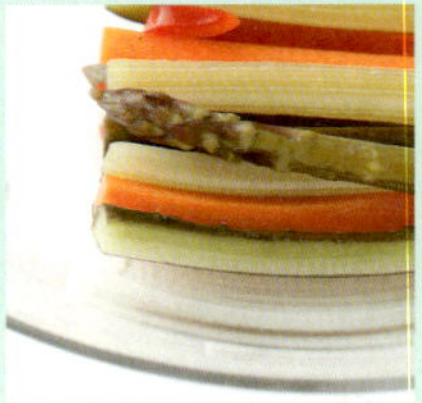
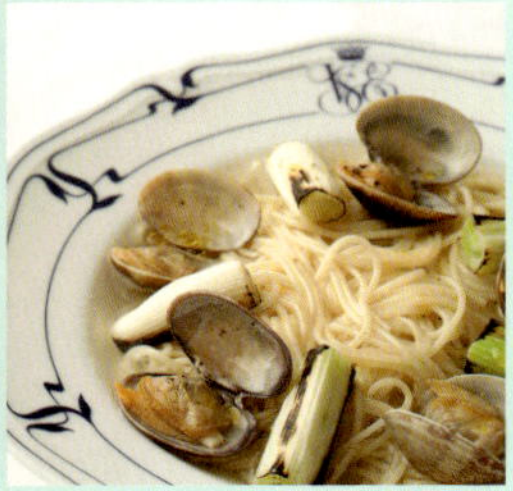

第 4 章

おだし arrange

＊ 焼きねぎとあさりのスープパスタ ＊

材料（2人分）

- あさり ……………… 10個
- 白ねぎ ……………… 2本
- スパゲッティ ……… 160g
- A [だし汁 …………… 360cc
     酒 ……………… 小さじ1½]
- 塩・コショウ ……… 各少々
- オリーブ油 ………… 適量

作り方

① あさりは海水くらいの塩水で20〜30分砂出しする。

② ねぎは4〜5cmの筒切りにして金串等にさし、直火で表面に焼き色をつける。

③ フライパンに①②とAを入れて蓋をして加熱する。

④ ③のあさりの殻が開いたら、塩・コショウする。

⑤ スパゲッティは表示通りにゆでる。

⑥ 器に⑤を盛りつけ、④の具材をバランスよくのせる。残ったスープを注ぎオリーブ油をたらす。

note ▶

直火が使えない場合は、ねぎはフライパンで焼いてください。

おだしのピクルス

材料(作りやすい分量)

- セロリ……………… 10cm
- きゅうり…………… 1本
- にんじん…………… 10cm
- 赤パプリカ………… ½個
- アスパラガス……… 2本

A
- 酢……………… 200cc
- 昆布だし…… 100cc(または昆布2×5cm＋水100cc)
- 塩……………… 大さじ1½
- 上白糖………… 大さじ3
- 鷹の爪………… 1本
- ローリエ……… 1枚
- 粒コショウ…… 3粒

作り方

① Aを鍋(ホウロウまたはステンレス)に入れて加熱し、ひと煮立ちしたら火を止める。
② 野菜はそれぞれ10cmのスティック状に切る。
③ ②に塩小さじ½(分量外)をまぶして10分ほどおく。
④ 鍋に湯をわかし、③を1分ほどゆでて、ざるにあげ粗熱をとる。
⑤ ④を蓋つきのバットまたは瓶に入れ、①を注ぐ。

note

すぐに食べられますが、冷蔵庫で1週間はもちます。細かく刻んでベーコンサンドに加えてもおいしいです。

和風ロールキャベツ

材料（2人分）

キャベツ	4枚
豚ひき肉	200g
しょうが	½片
A ┌ だし汁	200cc
├ うす口しょうゆ	小さじ2
└ 酒	小さじ1
塩・コショウ	各少々
カイエンヌペッパー	適宜

作り方

① キャベツは1枚ずつはがし、ラップでふんわりくるんで電子レンジで1分ほど加熱する。
② しょうがはすりおろす。①のキャベツの固い部分はそぎとってみじん切りにする。
③ ひき肉に塩・コショウして②を加えてゴムべらでこねる。
④ ①を広げて③を手前半分にのばす。
⑤ 手前からぐるぐるとしっかりめに巻いていく。
⑥ 鍋にAと⑤を入れて15分ほど煮る。
⑦ 器に盛りつけカイエンヌペッパーをふる。

note

お肉を包むのではなく、広げて巻いていきます。キャベツを1枚ずつはがす場合、根の方の芯部分を切りはなしそこから水を流し込むと水圧ではがれます。

＊ おだしポトフ ＊

材料（2人分）

- 鶏手羽元 ………………… 4本
- セロリ …………………… 1本
- にんじん ………………… ½本
- 玉ねぎ …………………… 1個
- かぶ ……………………… 1個
- ローリエ ………………… 1枚
- だし汁 …………………… 600cc
- にんにく ………………… 1片
- 塩 ………………………… 小さじ½
- 粒コショウ ……………… 2、3粒
- 粒マスタード …………… 適宜

作り方

① セロリは5、6cmのぶつ切り、にんじんは縦に4等分に切り、面取りする。玉ねぎは根元をつけたまま4つに切る。かぶも4つに切って皮をむく。

② マスタード以外の材料をすべて鍋に入れ、最初強火にして、煮立ったら弱火にして15～20分煮る。

③ 器に盛りつけ、マスタードを添える。

note

鶏と野菜から出るスープにおだしの旨みが加わって、深みのある風味になります。

＊洋風雑炊＊

材料（2人分）

- ベーコン ……………… 1枚
- 玉ねぎ ………………… 1/3個
- ごはん ………… 茶わん1杯分
- だし汁 ………………… 200cc
- 卵 ……………………… 2個
- 塩・コショウ ………… 各少々
- パセリ ………………… 適宜

作り方

① ベーコン、玉ねぎはみじん切りにする。

② 鍋に①、ごはん、だし汁を入れて火にかける。

③ 煮立ってきたら塩・コショウで味をととのえ、溶き卵をまわしかける。

④ パセリのみじん切りをちらす。

note

卵はしっかり溶いておきましょう。ふんわりやわらかに仕上がります。

＊ 鯛のムニエル おだしジュレ添え ＊

材料(2人分)

- 鯛 ……………………… 2切れ
- 小麦粉 ………………… 適量
- 塩・コショウ ………… 各少々
- オリーブ油 …………… 大さじ1

A
- 粉ゼラチン …………… 4g
- だし汁 ………………… 100cc
- うす口しょうゆ ……… 小さじ2
- 砂糖 …………………… 小さじ2
- 酢 ……………………… 小さじ2

- パセリ ………………… 適宜

作り方

① 小鍋にAを入れてかき混ぜる。

② ゼラチンがしっかり溶けたら、弱火で加熱する。

③ 沸騰直前で火を止め、粗熱がとれたら別の容器に移し冷蔵庫で冷やし固める。固まったらスプーンで崩す。

④ 鯛は骨をとり、皮の中央に切れ目を入れて塩・コショウして小麦粉をまぶす。

⑤ 熱したフライパンにオリーブ油を入れ、④を皮目から焼き、パリッとしたら返して中まで火を通す。

⑥ 器に盛りつけ、パセリのみじん切りと③を添える。

note ▶

骨は骨抜きで抜くか、包丁でそぎとってください。すずきやさわらなどでもおいしいです。
冷たいジュレは熱い焼きたての鯛から少し離したところに添えます。いただく時に上にのせてソースとしていただきます。

おだしは天然のサプリメント

京・東寺 うね乃　代表　采野元英

「なつかしい味やなあ、ほっとするなあ」——子供たちにおだしを飲んでもらった時の第一声がこの印象的な言葉でした。飲んだことがあるのかとたずねるとわからないというのですが、昔と生活環境が変化した現代においても、おだしは我々のDNAに刻み込まれた味として訴えかけてくるものなのかもしれません。

おだしには2つの働きがあり、1つは飽食の時代といわれている現代において、ものをおいしくし料理の土台を築くという嗜好的な仕事、もう1つは、人間に必要な必須アミノ酸や回遊魚の持つ酵素が含まれているため、飲んだら元気になるというサプリメント的な要素です。昨今の食生活の中で味噌汁を飲む人が少なくなったり、食の欧米化で和食離れによりおだしを使う機会が少なくなったことも、現代のサプリメントが生まれた背景にあるのかもしれません。

さらに、おいしい思いをしながらよいものを摂取できるおだしは、一番理にかなった姿。料理を食べる時の見た目や香りなど、五感で感じる精神作用は非常に大きいと思います。あたたかいおだしは、まず香りが、そしてしっかりとした味が入ってきて、おいしく感じられます。本来の日本食であれば必ず三食についてくるものですから、サプリメントを摂取しなくても、普通に食事をしていれば自然に栄養素が摂れるはずなのです。

また、おだしは鎮静作用やデトックス効果もあって眠る前に飲むとよく眠れるといわれたり、肌にもよいといわれたり、疲労をとってくれるよい酵素を含むことからスポーツ選手にも愛用されています。

おだしはセオリーがあってないようなもので、家庭の料理の場合には、この料理にこのおだしを使ったらだめということはなく、おだしでアレンジしていくというのが一番おもしろいのではないかと思います。より本物のおだしを使ってもらいたいという思いから、おだしのパックを3種類作りましたが、これらを使うと、例えば1種類の味噌と同じ具材で味噌汁を作っても、3つのパターンの味噌汁ができるということになります。おだしを3つ持っているということは、×3のレシピができるということで、もっとおだしでバリエーションを楽しんでもらえればと願っています。よくしょうゆなど最後の味付けで色々味を変えますが、それを最初の根底で可能にするのがおだしなのではないでしょうか。

我々が考えているおだしの役割は、料理の土台である水を料理に適したものに変化させること。根底を

京都ガイド

京都お守り手帖
編／光村推古書院編集部　A5変　総104頁
京都の社寺のお守りが大集合。かわいいデザインのお守りたちは持っているだけでもハッピーになりそう。京都で行きかう子たちが熱望しているこのラッキーグッズ、あなたの願い事をきいてくれる社寺がきっと見つかる！

京都ご利益手帖
編／佐藤红　1260円　A5変　総112頁
社寺のあつまる京都は、あらゆるご利益をもたらしてくれる最高のパワースポット。恋する乙女や転職希望の青年、子どもが欲しい夫婦……あなたの願い事をきいてくれる社寺がきっと見つかる！

京都自転車案内デイズ
編／ワークルーム　1575円　A5　総112頁
京都をめぐるには、自転車が最適！京都の名所はもとより大きな京都のお店をコース別にセレクトし、現在京都で自転車を使っている人におすすめスポットを紹介する。

京都お泊まり案内帖
編著／アリカ　1575円　A5　総96頁
気取りすぎず、本気仕込みすぎず、どこか懐かしい、ちょっとおしゃれな京都の宿をご案内。ゲストハウスや町家、京都家の一軒貸切など、思わず「行きたい！」と言ってくれる、小さな隠れ家を集めました。

京都読書さんぽ
編著／アリカ　1575円　A5　総112頁
京都に似合う街、思いもよらなかった一冊と出会える本屋さん、本の世界にひたれるカフェ、しトロな空気がなじむ古い古本屋さん、ちょっと尖った装丁のギャラリーショップ……本との楽しいひとときを過ごせるスポットをご紹介。

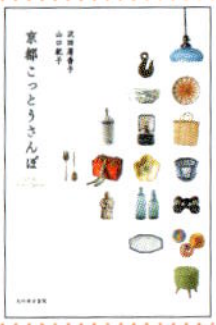

京都のえほん のりもの・くらし・しぜん
著／沢田眉春子　1575円
総112頁
京都のえほんを縦覧したガイド。作家もいろいろ、よしのぶもとこ、1260円
182mm×200mm　総24頁
バスやタクシー、電車などの京都の街を走る乗り物や、お祭り、文具など京都の町の様子をかわいい絵にして紹介。京都の街の様子をかわいらしい絵にして紹介。文量は少ないので、小さな子どもから楽しめる。

時代MAPシリーズ

京都時代MAP 幕末・維新編
編／新潮社　1680円　A4変　総84頁
幕末の京都の地図に半透明の紙に印刷した現代地図を重ねた新発想の地図。幕末ファン必携の一冊。タイムトリップできる幕末ファン必携の一冊。

京都手帖（毎年10月頃発売予定）
編／光村推古書院編集部　1050円
B6　総184頁　ビニールカバー巻（チケット付）
京都好きのスケジュール帳、京都で行きかうる月替わりの子たちのスケッチなど、京都コラム、社寺のテーマなどお役立ち情報も、画像は2013年度版。

京都おみやげ大全
編／佐藤红　2100円　A5　総224頁
京都人定番のおみやげから、観光客まで人気の京みやげ、最旬のおみやげの定番までありとあらゆるおみやげの勢ぞろい、贈る人のことを考えながら選ぶのも楽しいのひとつ。「センスがよい！」と思われる品を贈るための、京みやげガイドの決定版。

京の名店 おいしい野菜のごはん屋さん
企画／山中順子　編集／アリカ　1575円
A5　総96頁
野菜でおなかも心も満足させる、そんなごはん屋さんならここ！44店掲載。「野菜ってこんなにおいしかったんだ！」と発見ができるベジタリアンレストランガイド。

京の名店 まかないレシピ
編／ワード　1575円　B5　総96頁
京都にある老舗京料理店や、有名なイタリアン、フレンチ、中華などの大将が、とっておきのまかないレシピを教えてもらった一冊、「くきさり」から簡単においしい料理まで幅広く掲載。夏にぴったりのすすめレシピ本。

京のつれづれさんぽ
著／沢田眉春子・山口和子　1575円
A5　総96頁
京都で人気のかき氷やらかふぇやら、アイスクリームを……みんな大好きなものからとっておきのまかないレシピを教えてもらった一冊。「くきさり」から簡単においしい料理ビギナーにもおすすめの料理ガイド。

京都ランニングマップ
監修／山内成人　編／アリカ　1050円
文庫　総128頁
観光ランコース、大好評『時代MAPシリーズ』第二弾。コースを地図入りで紹介。わかりやすい距離表示、トイレや着替えポイントも明記。ランナー必携の大きなサイズ！

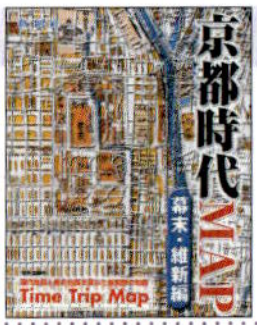

東京時代MAP 大江戸編
編／新潮社　1785円　A4変　総110頁
幕末の地図に半透明の現代地図を重ねた新発想の地図。大好評『時代MAPシリーズ』第二弾。高層ビルの建ち並ぶ現代の東京の街から、江戸の町並みが浮かび上がる。

趣味の本

東京きもの案内
編著／浦みずほ　1575円　A5　総96頁
東京の着物関連のお店をくまなく歩けるガイド本。着物初心者でも安心して立ち寄れるショップをエリア別に紹介。着物好きな女性必読の一冊。

花の楽しみブック
著／浦淺美奈　1575円　A5　総96頁
京都で人気のお花屋さんが「ブーゼリ」がなく花の本。著者がコーディネートした花の数々は置いてあるだけでおうちが華やぐ。かんたんなアレンジの方法や、お花屋さんでよく買う名花(季節別)などを紹介。

浪漫図案
編著／佐野宏明
2940円　B5変　総176頁
明治から昭和にかけてのラベル、ヘッペル、広告資料を1000点以上紹介。化粧品や薬、飲料、お菓子、日用品などパッケージやチラシデザインなど多数掲載。デザインの参考書としても。

くすりとほほえむ元気の素
レトロなお薬袋のデザイン
著／高橋善丸　3360円　A5　総352頁
明治時代から昭和10年代頃までの薬のパッケージ、著者のコレクションから、薬の種類ごとに紹介。当時が感じられるパッケージを1000点以上収録。

入江泰吉の眼
昭和の奈良大和路　昭和20〜30年代
写真／入江泰吉
2100円　A5横変　上製　総240頁
昭和20〜30年代の奈良の写真集。奈良の大和路を撮り続けた入江泰吉のモノクロ写真を掲載。当時の町並や人々の暮らし、路地で遊ぶ子どもたち。

絵はがきで見る京都
──明治・大正・昭和初期──
編／森安正
2100円　A5横変　上製　総240頁
明治の終わりから昭和初期にかけて発行された、京都の絵はがきを掲載。近代日本の波が押し寄せる京都の様子を絵はがきが物語る。

京都 風の色
写真／水野克比古
2520円　A4横変　総96頁
京都の風を感じる写真集。清水寺や下鴨神社、平安神宮や嵐山など、京都の定番どおり、季節の景色を美しい写真で贈り。

京都 四季の庭園
写真・文／中田昭　2940円　A5　上製　192頁
美しさを誇る名庭苑を四季折々の珠玉の写真で。同じ庭でも四季折々に見せる最高の瞬間を捉えた。庭園ならではの内容となる美しさが、季節毎に表情の違う庭園を数点掲載。簡単な英文を併記。

京都 春夏秋冬 季節のことば
写真・文／中田昭　2730円　A5　上製　192頁
京都の季節を彩る言葉と、美しい写真が織りなすビジュアルブック。二十四節気や、花の名前、まつりをどりや「屏風祭」など、京都の独特の季節を表わす言葉と、美しい京都の写真が合わさった写真集。

昭和の写真集

昭和の京都 回想昭和20〜40年代
写真／淺野喜市
2100円　A5横変　上製　総240頁
昭和30年代を中心とした京都の町並みの写真集。モノクロの写真を約220点掲載。当時の様子を伝える貴重な写真の数々。

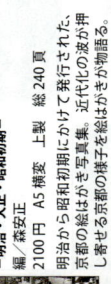

昭和の大阪　昭和20〜50年
写真／産経新聞社
2100円　A5横変　上製　総240頁
終戦直後から昭和50年頃までの大阪の写真を228点掲載した白黒の写真集。希望に向かってかつて前進を重ねた大阪の姿がここにある。

京都 坪庭
写真／水野克比古
3990円　A4変　上製　総128頁
庭園美の極致とされる坪庭。小さくて鑑賞できる庭は人々の和みの空間である。御所の廊庭など秋野の坪庭を約80の坪庭を収録。

京都 秘蔵の庭
写真／水野克比古
3990円　A4変　上製　総136頁
非公開・未公開寺院をはじめとして、普段はほとんど見ることの出来ない京都の秘蔵名園を厳選して収録。庭園ごとに、観賞・作庭の参考となるよう作庭家による詳しい解説を付記。

京都 町家の坪庭
写真／水野克比古
3990円　A4変　上製　総144頁
新たに撮りおろした京都町家の坪庭84庭の写真で構成。初公開の坪庭を中心に、152点の写真で構成。町家と坪庭の魅力を紹介する。商家の庭「料亭・茶室の坪庭」「住まいの庭」の3章。

心象の京都
写真／水野克比古　6300円
A3変　上製　192頁
40年間京都を撮り続けている写真家・水野克比古の渾身の大型写真集。匠がふるえを震わせた京都の風景、日常が心象を焦点を合わせた京都の風景。その瞬間を切り取り、驚いた珠玉の写真集。

---

http://www.mitsumura-suiko.co.jp

※ 表示価格は全て税込みです。
※ 書籍のお申し込みはお近くの書店にご注文ください。
※ 弊社へ直接ご注文される場合は送料を頂戴します。(みつむらすいこしょいん)

光村推古書院　京都市中京区堀川通三条下ル
604-8257
phone 075-251-2888 fax 075-251-2881

12-09-05

少しずつ変化させていくことによって少しずつ料理が変形していって、それがバリエーションになっていくのです。そして、おだしを作る際に留意していることは、「おだしが勝ってはいけない」ということです。おだしが勝ってしまうと全体のバランスを崩してしまうので、どこまでいってもおだしは黒子。しかし、どんな仕事でもそうであるように、その黒子の力はかなり大きく、そうした土台が大切なのではないかと思います。土台のおだしをきちんととっておくと、後は少々何をしてもおだしが支えてくれます。例えば本書で使われている「職人だし」は、いわし・さば・うるめいわしの複合的な味になるので、料理の味をぐっと押し上げてくれます。

こうしたおだしは、おいしい上に栄養もあるからこそ平成の世まで残ってきたのではないでしょうか。20年くらい前は、乾物売り場はあってもおだしの売り場というのはなかったのですが、早くからおだしと言い続けた効果もあってか、今かなりおだしが見直されてきたように思います。この動向によって1人でも多くの方におだしを再考してもらい、色々なものを試して、よいおだしに到達してもらえるというチャンスも生まれてきます。興味を持たれるようになってきたおだしを根付かせるかどうかは今後にかかっており、だからこそ本書の役割は大きいと思うのです。家庭のおだしを普及し、1人でもおだしをとる人や料理する人を増やしていければと願ってやみません。

（執筆協力　佐藤 紅）

● おだしのパックじん（黄）
薩摩産鰹節・利尻島産昆布・大分県産干し椎茸をうね乃独自の製法でだしパックに仕上げました。香りと味わい深いおだしをお楽しみいただけます。お吸物、お味噌汁、煮炊きものなどあらゆるお料理にお使いいただけます。

● おだしのパックじん（赤）
いわし・さば・うるめいわし・昆布・干し椎茸をブレンドし、だしパックに仕上げました。コクのある濃いおだしをお楽しみいただけます。具沢山のお味噌汁、おでん、おうどんなどしっかり味のお料理に最適。煮干（いりこ）だしのお好きな方に。

● おだしのパックじん（緑）
昆布と大豆、野菜のみの植物100％のおだしです。うね乃独自の製法でだしパックに仕上げました。おだしといえども、和食に限らず洋食・中華など世界のお料理のベースにお好みに応じてアレンジしてお使いいただけます。

本書で使ったおだし

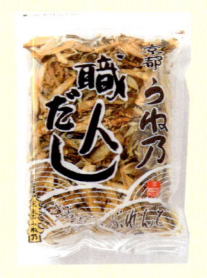

- 職人だし
いわし・さば・うるめいわしの混合削り節。家庭のお味噌汁やおでん、鍋ものなどをこくのある深い味わいに仕上げてくれます。

- 利尻こんぶ（極上）
上質の昆布は少量でもしっかりのびて、たっぷり旨みが出ます。

- 花かつお
豊かな香りと味わいの花かつおは、おだしのほか料理のトッピングとしても大活躍。

- 煮干
カルシウムたっぷりの片口いわしは、おだしはもちろん、そのままおやつやおつまみにも。

おだしのアレンジメニューに

- しろだし
風味のよいお吸い物がすぐ作れて、煮物も食材の色を損なわず上品に仕上げてくれます。

- 糸削り
細く切られたかつお節は、料理にかけるだけで京都らしい上品な趣を添えてくれます。

- 粉だし（まぐろ・かつお・昆布）
かつお節などを粉末にしただしごとそのまま使える手軽さで、炒め物やパスタに一振りしても深い味にまとめ上げてくれます。

京・東寺 うね乃
京都市南区唐橋門脇町4番地
TEL：075-671-2121
FAX：075-671-5345
http://www.odashi.com

おわりに

まだ自宅で料理教室をしていた十数年前に、京・東寺 うね乃さんと出会いました。
同世代の若女将と私はお互いの料理への思いを語り合いました。
本当にいい材料を届けたいという思い、本物を知ってほしいという願い。
子どもたちのアレルギーの話、手作りしたいけどできないで悩んでいる母親たちのジレンマの話。
私はその若女将と、「いつかおだしの良さを伝える本を出そうね」と話していました。

本来、家のごはんのことなんて他人からとやかく言われるようなものではないですよね。
便利なモノを使って何が悪いのか、確かにその通りなのです。
私だって何もかも手作りかと問われれば、固形ブイヨン、鶏がらスープの素などメニューによっては使うときだってありますから……。
ただ、日本のおだしはここがすごいのです。
煮込まなくても、煮詰めなくても、簡単にスープがとれます。
お湯に入れるだけ。実はインスタントに負けない手間いらず、なのに本物の味なのです。
かつお節屋さんが手間暇かけて発酵させ、乾燥させたそれらの旨みを私たちは短時間でいただくことができます。
何ともありがたい。

どうしてなのかはわからないのですが、おだしは心を癒してくれます。おだしは力を与えてくれます。おだしは身体をきれいにしてくれます。
おだしは日本の誇れる食文化だということに、私たちはもっと早くに気づくべきだったように思うのです。海に囲まれたこの国のとても大切な文化だと。
今からでも決して遅くはないですよね。
忘れ去られてしまう前に一つ誇れる大切なものを、これからの子供たちへ残しておきたいと思います。
そしてこの本との出会いが皆さんの元気のもとになりますことを願って。

本の制作にあたりご尽力いただきました采野さん、編集の佐藤さん、カメラの津久井さん、そしてスタッフの方々、本当にありがとうございました。

森 かおる

森 かおる

料理家・Relish 主宰

2003年4月、生活雑貨と暮らしの教室「Relish」（京都府大山崎町）をオープン。雑貨店主としての仕事をこなしながらほぼ毎日料理教室を開く。教室では"作ってうれしいおうちのごはん"がテーマ。
旬の野菜をたっぷり使ったレシピと、毎日のごはん作りがおいしく楽しくなる工夫、そして安全な「食」へのはじめの一歩を伝えている。著書に『日々のお弁当図鑑』（アノニマ・スタジオ刊）など。

やさしい おだし の 教室

平成25年2月20日 初版一刷発行

編　著　森かおる

発行人　浅野泰弘

発行所　光村推古書院株式会社
　　　　〒604-8257　京都市中京区堀川通三条下る橋浦町217-2
　　　　TEL 075-251-2888／FAX 075-251-2881
　　　　http://www.mitsumura-suiko.co.jp/

印　刷　ニューカラー写真印刷株式会社

©2013 MORI Kaoru　Printed in Japan
ISBN978-4-8381-0484-0

本書に掲載した写真・文章の無断転載・複写を禁じます。
本書のコピー、スキャン、デジタル化等の無断複製は著作権法上での例外を除き禁じられています。本書を代行業者等の第三者に依頼してスキャンやデジタル化することは、たとえ個人や家庭内の利用であっても一切認められておりません。
乱丁・落丁本はお取り替えいたします。

［協力］
京・東寺 うね乃

［器協力］（五十音順）
MWC.WORKSHOP
今宵堂
近藤康弘（手しごとの器・道具 テノナル工藝百職）
戸田直美（potitek）
4th-market
丸十製陶

［staff］
編　集　佐藤　紅
撮　影　津久井珠美
カバー　大江秀明（オオエデザイン）
デザイン　中嶋美香子（ニューカラー写真印刷）
進　行　山本哲弘（ニューカラー写真印刷）
制　作　合田有作（光村推古書院）